Nora Backenda

Paroles d'une femme frustrée

Nora Backenda

Paroles d'une femme frustrée

Éditions Muse

Imprint

Cover image: www.ingimage.com

Publisher:
Éditions Muse
is a trademark of
Dodo Books Indian Ocean Ltd., member of the OmniScriptum S.R.L Publishing group
str. A.Russo 15, of. 61, Chisinau-2068, Republic of Moldova Europe
Printed at: see last page
ISBN: 978-620-3-86640-7

Recueil de poèmes

Titre : paroles d'une femme frustrée

Noms : **MOCKASSA BACKENDA**

Prénoms : **Nora désirée**

Nombres de poèmes : 36 poèmes

Adresse mail : norabackenda9@gmail

Mon cœur est un menteur.

J'aimerais me taire mais je n'y arrive pas
J'aimerais parler, m'exprimer et d'écrire la version de mon cœur
Mais tu me détestes et moi je t'aime encore plus
Tu me repousses et moi je pense à toi tous les jours

Attend écoute la version de mon cœur
Pose ta main sur ma poitrine et tu pourras sentir,
mon cœur te parler.
Te dire toutes ses choses que je n'arrive pas à te dire.
Te raconter les meilleurs souvenirs qui le fait battre encore plus fort.

Mon cœur est un menteur il te dira ce qui lui arrange
Mon cœur est un idiot il ne pense qu'a lui il ne t écoutera jamais
Mon a perdu son humanité il préfère la nuit au lieu du jour
Mon cœur il a mal oui il soufre mais il ne te l'avouera jamais

Ne crois pas à sa version
Ne crois pas tous ce que mon cœur te dira
Ne crois pas son chagrin ou à sa façon de te parler
Ne lui fait pas totalement confiance

Mon cœur est un vainqueur mais il a déjà été vaincu

Mon cœur est tellement riche mais ton absence le rend pauvre

Mon cœur a tous ce qu'il veut mais en manque de toi,

Il perd sa valeur.

Mon cœur est tellement fort mais à toi tous seul tu rends faible.

J’ai rêvé de toi.

Le temps a traversé mon cœur mais Cupidon ne m’a pas raté.

Je donnerais tous pour oublier et t'oublier en même temps.

J'ai rêvé de toi.

J'ai rêvé de toi tu sais !

Encore une fois, J'ai rêvé de toi !

Comment faire pour arrêter de penser à toi ?

Croire en toi, croire en moi.

Je n'en peux plus, je veux tout oublier mais je n'y arrive pas.

Parce que le destin est contre nous, l'amour fuit.

Parce que le temps est contre nous, l'amour s'en fuit.

J'ai rêvé de toi tu sais !

Encore une fois, J’ai rêvé de toi !

Mon corps se déchaîne, ce ne sera pas la première fois.

Mon âme se déchaîne et se sera bien la première fois.

Il a fallu du temps pour que je comprenne !

Que ce n'est pas toi !

Que ce n'est pas moi !

Mais c'est nous deux et nous deux ensemble !

Nous deux ensemble, c'est toi et c'est moi !

Le caramel et le miel, L’eau et la pluie, Le feux et le volcan.

J'ai mal, car tu es toujours présent là dans moi !

J'ai rêvé de toi tu sais !

Encore une fois, J'ai rêvé de toi !

Mais tout ça tu ne le sauras jamais.

Jamais je ne te le dirais.

La course avec le temps.

Course avec le temps !

La course avec les mots !

J'aimerais te voir et déchirer chaque chaire de ton cœur.

Mais la flemme est forte, et ton regard me brûle encore plus.

Te voir dans les coulisses de ma tête.

Plongé dans la mélodie de mon cœur.

Tu surfes à jamais sur les vagues de mes pensées.

Mes pensées se dispersent, et ton regard me dissous.

J'avais passé mes mots, et faisais table rase du passé.

Mes mots m'ont dépassé la table rase c'est du passé.

La course avec le temps !

La course avec les mots !

T'exprimer ce que je ressens.

Impossible, non pas possible !

Et aujourd'hui toujours impossible !

Au revoir, au revoir, à nous revoir !

Je n'ai pas fini, de courir.

De rattrapé ce qui est à moi.

De courir, je n'ai pas fini.

L'athlète de mon cœur, le lion de mon esprit.

Pour toi je parcourrai le monde avec mon cœur sur les mains.

Je suis L'athlète de son cœur, la lionne de son esprit.

De la rouge a la ligne morte.

Je détiens le flambeau de ce qu'il te faut !

La course avec le temps et la course avec les mots !

Dis-moi mon cœur !

Dis-moi mon cœur !

Pourquoi pas toi ou pourquoi moi ?

Non nous deux c est encore mieux !

Car la passion de mon âme résulte de la douceur de l'air.

Et la flemme de mon corps résulte de la pureté de la nature.

J'ai besoin d'aimer et j'ai besoin de pardonné.

J'ai besoin de croire et j'ai besoin de toi !

Même si l'amour de mon être est submergée par l'attirance d'une autre.

Même si le fleuve de mon espérance est ébloui par l'apparence d'une autre.

Je ne cesse de me demander si le temps est D'accord avec cela.

Si le vent souffle en direction de mon amour.

Si la mer de ton absence a envahi mes pensées.

Dis-moi mon cœur !

Es-tu d'accord avec tout ça ?

Es-tu la cause de ma tristesse ?

Es-tu sur que le nous de notre amour n'impact pas le bouclier de ton torse ?

Alors dis-moi mon cœur !

Pourquoi pas toi ou pourquoi pas moi ?

Non nous deux c'est encore mieux !

Car la passion de mon âme résulte de la douceur de l'air.

Et la flemme de mon corps résulte de la pureté de la nature.

J'ai mis cette barrière pour empêcher mon cœur de s'évader.

S'évader du jardin de mon rêve !

Mais tu persiste à vouloir d’elle encore et encore !

Encore et encore, tu rêves d'elle et je n’en peux plus.

Tu me manques.

Tu marques ta place dans la tragédie de mon cœur.

Tu as brisé les chaines de mon passé !

Tes yeux se sont rivé sur les miens et oui j'ai pu observer la douceur de ton cœur.

J'ai été éblouie par la beauté de lèvre.

N'ai-je pas le droit d'être heureuse ?

N'ai-je pas le droit d'aimer et d'être aimé ?

Je ne veux pas perdre mon temps !

Et je ne veux pas te perdre non plus !

Parce que j'espère en qu'elle que chose qui me détruis.

Je suis forte et je suis endurante.

Je suis capable et je connais ma force !

Mais ne plus te voir crée en moi un feu ardant qui ne s'éteint plus.

Oui il ne s'éteint plus et je me rends compte de la dépendance.

La dépendance que tu as créée en moi.

Tu me manques et les traces sur mon corps me rappelle tes mains !

Tu me manques et les marque de mon cœur sont toujours aussi visible !

Tu marques la tragédie de mon cœur !

Tu as brisé les chaines de mon passé !

Mais aussi toutes la joie que tu as pu créer en moi !

Tu es comme une tornade tu arrives et tu chamboule tout !

Tu chamboule tout et ensuite je ramasse les graines de cet amour !

Le vent que tu apportes détruit tous sur son passage.

A quoi ça sert ? De me battre pour toi !

Si je ne te mérite pas c'est que je suis pas faite pour toi ! Va s'y soit heureux !

J'ai pensé à toi.

Au besoin d'être seule, j'ai pensé à toi.

Au besoin d'être avec toi, je me suis retrouvé seule.

Ecoute ! quand l'intitulé sublime de mon cœur,

Se met a récité les paroles affectueuses de mes sentiments.

Je me perds dans l'idéal de tes yeux.

Pourquoi j'ai pensé à toi quand j'étais seule ?

Parce que ta présence manque à mon intimité.

Les choses se passent toujours mal quand je veux être dans tes bras.

Je veux être dans tes bras et mon cœur se met à battre très vite.

Je ne veux pas te perdre mais te perdre serai le mieux à faire.

Je ne veux pas te voir disparaître donc disparaître sera mon destin.

Ne te retourne pas quand je m'en irai !

Je ne veux pas te perdre mais si rester signifie te perde.

Alors je le jure je m'en irai et au moins ainsi je gagnerai ton cœur.

Ton cœur est pour moi le plus beau des trophées ne le donne à personne d'autre.

Folle aux douze coups de minuit.

Le pouvoir que tu as dans ton regard
La force qui se dégage de tes mots
L'aisance que l'on observe en ta présence
La prestance de ton charisme

Folle aux douze coups de minuit
Je m'accroche à toi comme une plante a la terre
N'insiste pas je ne partirai pas
Laisse-moi souffrir si j'en ai envie

Pourquoi me regarde tu ainsi ?
Pourquoi tant de suspense
Suspense dans tes actes ?
Partir maintenant ne changera rien
Je suis folle mais au douze coup de minuit
Je veux y croire et je crée un monde en me souvenant de toi
Tes mots sont comme des flèches qui me viennent en plein cœur
En plein cœur, je les reçois et me voilà
Pensive à nouveau, de toi a moi

Oui je suis devenu folle au douze coups de minuits
Quand la patience a quitté mon corps
Comme chien fouillant la rage
Je me suis retrouver enfermer dans la conséquence de mes actes

Mon monde a moi.

Dans mon monde lui et moi ça faisait un.

Dans ce monde lui et moi ça fait deux.

Je n'ai pas peur je n'ai pas froid j'ai juste envie d'être avec toi.

J'ai un doute, est ce qu'il est là pour moi ?

Il a un regard impressionnant.

Je le regarde et j'ai l'impression d'être unique.

C'est comme si on se connaissaient depuis toujours.

On s'entendait à merveille

Bonheur était devenu le prénom de mon cœur négligé.

Les échanges de nos cœurs se faisait à l'instar de nos yeux.

Dans mon monde lui et moi ça faisait un.

Mais dans ce monde lui et moi et moi ça fait deux.

L'amour est la chose des choses qui fait faire toutes ces choses.

J'avais ce doute est ce qu'il est là pour moi ?

Il a un regard si impressionnant.

Cette homme a bouleversé mon cœur

Au finale ce n'était pas moi mais c'était toi.

Il me donnait l'impression que tout était meilleur.

Il m'a donné l'impression que le meilleur je l'avais déjà.

Il m'a donnée cette impression et oui je l'aimais déjà.

S'il fallait arrêter le temps

Je le ferais rien que pour que tu me dises ce qui n'a pas marché.

Mille mots et mille fois s'il te plaît dis-moi ce qui n'a pas marché.

Monde cruelle.

Bonjour monde cruelle

Monde de peine et monde d'amour.

Monde d'amour et monde de craintes.

Tu ris et tu souris, tu souris et tu arraches la vie.

Un deux trois les mauvaises choses s'effacent, un deux trois les mauvaises nouvelles s'effacent.

J'ai été tiraillé comme une bobine de fil et comme un serpent je me suis hissé dans les parois de la vie

L'herbe a brouillé mon chemin et la poussière ma rendu aveugle pendant la moisson de ma réussite.

J'ai voulu atteindre le sommet mais la terre ne m'a pas laisser toucher le ciel

J'ai voulus attendre l'échelle pour y parvenir, mais la mer ma empêché d'atteindre les étoiles

J'ai connu le monde mais le monde ne m'a jamais connu

Je suis née dans le monde mais il ne m'a jamais accepté

Enfermé dans la tristesse et la solitude, arracher du monde et de mon univers

Le destin.

J'aurais aimé ne pas te connaître et ne pas te voir !

Ne pas te voir aurait été la plus belle chose de ma vie.

Car le secret du monde se trouve dans son inconscience et la noirceur dans sa réalité.

Si aujourd'hui je t'aime c'est que le monde l'aura souhaité ainsi.

Si aujourd'hui je pleure c'est que le monde l'aura souhaité ainsi

Pire qu'un couteau c'est le destin il te sourit et te poignarde quand il veut.

Pire qu'un ennemi c'est le destin car il se balade avec toi et te ment comme jamais.

Oui j'aurais aimé ne pas te connaître et ne pas te voir !

Ne pas te voir aurait été la plus belle chose de ma vie.

Car aujourd'hui je crains le pire et demain se sera quoi ?

Aujourd'hui c'est la joie et demain ce sera le malheur.

Demain ce sera le malheur et aujourd'hui c'est la joie.

Un pas, deux pas, trois pas je me jette dans le soupçon de ton hypocrisie.

Quand la vie en elle-même est douce et pure, le destin tire les cordes et châtie le monde.

De quoi nous rappeler que la nature fait ce qu'elle veut

Mais aussi que l'homme fait ce qu'il veut.

Ainsi qui somme nous ? Vu que le destin se charge de tous

Je croise mes bras et le laisse faire ? Non il ne pourra pas

Il est le destin mais il réside en mes actes

Il réside en mes gestes

Il réside en l'Homme.

Ma flemme.

J'allume la flemme, tu l'éteins

Je la rallume car c'est ma flemme et pas la tienne

À chaque fois que tu essayerais d'éteindre ma flemme,

Moi aussi longtemps que je vivrai je la rallumerai

Pourquoi ?

Par ce que je suis forte, je suis passionné

Je suis belle et intelligente

Parce que je suis déterminée

La confiance que j'ai en moi elle est puissante

Moi personne ne m'éteindra

Si un jour ma lumière cesse de briller

C'est sans doute que je l'aurai voulu

Mon idéal.

J'ai fait de toi mon âme sœur

J'ai fait de toi Lhomme dont j'avais besoin

J'ai fait de toi mon homme idéal

Les vautours t'on tourner autour et je me suis rappeler

Comment tu étais quand on s'est connu

Innocent, fragile, briser,

Je sais j'aurai dû prendre mon temps mais j'ai senti que tu étais le bon

Je sais j'aurai dû gagner du temps mais j'ai senti que tu étais mien

Je t'ai idéalisé alors que tu ne le mérites pas

Je tai idéaliser alors que tu ne m'as rien demandé

Maintenant je souffre et je m'en veux

Tu n'es pas coupable, non tu n'es pas coupable !

Le pêcher du pardon.

La sensation de solitude s'enfui,

Je la sens prendre ses jambes à son cou et courir de toutes ses forces.

Je la ressens peser sur mes épaules quelque chose d'enfui en moi le pêché du pardon.

Ne pas pouvoir m'empêcher de pardonner est le défaut qui m'emmène en enfer.

Le cœur est-il si grand ou c'est le miens qui souffre d'une maladie incurable

Celle d'aimer sans pouvoir compter,

Celle de croire aveuglement, Celle d'être loyale.

Peut-être par peur de perdre ou de souffrir j'ai alimenter ce qui depuis toujours me condamne,

La générosité dont mon cœur fait preuve m'épate.

Il a mal mais il sourit, il souffre mais il rit, il pleure mais il est vif.

Assise au bord du fleuve.

Au bord du large du fleuve l'Ogooué.
Un vent souffle comme dans le temps de mes ancêtres.
Plus qu'une histoire c'est mon monde a moi.
Plus qu'une légende c'est ce qui fait de moi celle que je suis.

Juste là, pas loin au bord de se fleuve qui donne de l'essence à ma terre.
Beaucoup admiré mais parfois ignoré.
Comme un père, il est silencieux
Silencieux et observe.

Se balade sur un grand territoire.
Pourquoi l'ignorée ?
Il partage une histoire.
Ne parle pas mais ne se terra jamais non plus.

Assise là au bord du fleuve l'Ogooué.
Les larmes s'écoules tous au long de mes joues.
Quelque chose me revient.

Le son de la voix de ma mère m'appelant.
L'image de mon enfance surgie au dedans de moi.

Il s’agit de toi.

Puis qu’il s’agit de toi
Des lors que tu as ouvert les yeux
Laisse-moi te dire que le ciel qui ta sourie
Et la terre qui ta portée sont ceux qui a formé tes ancêtres

Puis qu’il s’agit de toi
Des lors que tu as ouvert les yeux
Il faut que tu sache que les bras qui t’on accueillis
Ne t’on jamais laisser tomber

Mais Puis qu’il s’agit de toi
Des lors que tu as fait tes premiers pats
Ta richesse à toi, a été celle qui t’a vu naitre
Puise dans ce que tu rejette

Mais Puis ce qu’il s’agit de toi
De la tendresse de tes souvenirs
A la joie du présent que tu éprouve
Le retour à la source te sera inestimable

Décides pour toi.

Tu as laissé le monde décider pour toi
Tu t'es laisser berné par ce que tu croyais juste
Tu as été forte mais ton entourage ta tiré vers un autre chemin
Aujourd'hui tu pleures

Tu as choisi de faire ce que les autres attendaient de toi
Oublier ses désirs et vivres pour ceux que tu aimes
Mais le temps et l'espoir sont deux choses distincts
Comme les pleures de la nuit et le sourire du jour

Lève-toi et fais ce que tu sais faire
Mieux que personne tu marches en avant et tu ne te retourne pas
Tu ne te retourne pas et tu vas de l'avant
N'a tu dont pas peur des représailles ?

C'est cela qui fait ta force
C'est cela dont tu as toujours eu besoin
Mais tu n'y à jamais prêter attention

Partis sans me dire au revoir.

Je ne pourrai sans doute jamais t'avoir pour moi
Je ne pourrai sans doute jamais te revoir
Mais si malgré ça j'arrive à t'oublier
Oublier sera pour moi le plus grand réconfort

Mais quoi que tu fasses l'amour est présent
Un diamant posé sur une pépite d'or
J'ai les larmes qui coules de mon cœur
Le choix n'a pas d'indice

J'aurai aimé te voir une dernière fois
Ecouter tes mots me dire au revoir
Ah que ferais-je maintenant ?
Sans toi à mes côtés.

Tu es partie sans me faire une dernière blague.
Tu es partie sans me dire un dernier au revoir.

Si au fond de toi.

Si au fond de toi tu reconnaissais tes erreurs

Si au fond de toi tu trouvais une place pour me pardonner

Si dans ton toi intérieur tu relâchais les souvenirs qui te hante

Si dans mon moi intérieure je pouvais arrêter de penser à toi

A force de croire que tu me déteste j'ai finis par savoir que tu m'aime

A force de sentir ce qu'il y avait entre nous deux j'ai finis par savoir que j'avais besoin de toi

Beaucoup de chagrin et beaucoup d'amour

Beaucoup de force et beaucoup de combat

Le drame crée une mélancolie

Et la musique de ton cœur enchante mon esprit

La lumière de tes yeux bouleverse mon instinct

Mais le sourire de tes lèvres me ramène à ce que je dois voir

A ce que je dois savoir, lorsque l'orage frappe dans le désert

La pluie se plaint de ne pas s'y plaire

Lorsque la goutte d'eau déborde le vase le sol se plaint ne pas s'y plaire

Qui suis-je moi pour entendre le silence de tes mots et le bruit de ton silence ?

Ou es-tu ?

Ou est mon âme sœur ?

Ame sœur ou es-tu ?

Qui es-tu âme sœur ?

Je m'impatiente tu mets trop de temps à me retrouver

Pourtant unit depuis les cieux nous devront forcement nous revoir

Pourquoi me faire attendre comme cela

Je t'ai laissé un indice juste prêt de ton cœur

Ou est mon âme sœur ?

Ame sœur ou est tu ?

Qui est tu âme sœur

Ne tarde plus viens déjà

De peur que je ne t'oublie ou que je fasse le mauvais choix

Ne tarde plus viens déjà

Si non un autre pourra te remplacer

Tourner la page .

Je sais qu'il est là pour moi mais à chaque faute je ne peux arrêter de penser à moi.

Il laisse c'est empreinte sur mon corps et c'est mon cœur qui rêve de conquérir le sien

Le temps passe et je me rends compte que rien n'a changer.

Je suis toujours la même mais cette fois avec des clous planter.

Oui on pourra changer le temps ! Mais changer le temps ne serais pas si intense.

Finalement je me décide et je veux tourner la page.

Mais sur le livre de ma vie il a écrit sur certaines pages.

Il m'a dit sa y ait tu peux tous laisser tomber, à la fin c'est lui qui à laisser tomber mon cœur.

Et ces écrits sur mon cœur ont salis toutes les pages, J'aimerais pouvoir me lever et te sentir encore tous prêt de moi.

Mais à chaque faute je ne vois que toi, tu me tire comme dans tes dires.

Oui tu m'attire donc je me perds, alors je passe le temps

Mais je ne peux pas courir et tu deviens mon passe-temps.

Comment te dire ce que je veux, tu me le demande et je te veux toi.

Tu pourras peut-être tous effacée, alors que le seul qui c'est me disperser.

Finalement je me décide et je veux tourner la page.

Et ses écris sur mon cœur ont salis toutes les pages.

Moi d’abord

C’est vrai qu’en amour je suis extravaguent
Mais si la lune brille tellement c’est parce que elle a osé briller
Ote ton regard de moi
Car je pars loin d’ici

Je veux vivre mes rêves
Je veux être heureuse
Maintenant que je suis seule
Je veux penser à moi

Moi et moi d’abord
Oui je serai égoïste
Parce qu’a chaque fois que j’ai pensé à quelqu’un avant moi
Je l’ai regretté au plus profond de mon cœur

Le reflet de mon espoir

Parce que le temps n'a pas de frein le monde n'a pas de fin

Le monde n'a pas de fin parce que le temps n'a pas de frein

Pourquoi se battre ou lutté ?

Je ne pouvais jamais comprendre pourquoi malgré la durée de la nuit le jour finissait éternellement à se lever

Oter l'adage et retirer le vrai du faux.

Débarrasser vous de l'aperçu du désespoir.

Puis que nous avons en nous tout ce qu'il faut pour vivre, nous avons en nous ce qu'il faut pour rester en vie

Parce que le temps n'a pas de frein le monde n'a pas de fin

Parce que le monde n'a pas de fin le temps n'a pas de frein

Emporté dans un monde infâme, j'explore le fin reflet de mon espoir.

DOMMAGE

L'illusion de croire qu'on a tous perdu est la réalité de ce qu'on a plus.

Il paraît que le temps ne suffit pas à effacer les Meaux que l'on ressent ou que l'on a ressenti dans le passé.

Tu es partie sans me dire au revoir.

Tu m'as dépouillé un bon matin.

Tu as dévalisé mon cœur sans Jeter un dernier regard.

Trois minutes ont été suffisantes pour que tu me brises en mille morceaux.

Je ne pouvais même pas imaginer que le monde avait un sens sans toi,

Tu étais toujours avec moi dans les moments difficiles,

Pour le meilleur et pour le pire.

Même pas un regret dans tes yeux quand on sait revu.

Ma solitude

Assise dans un coin de ma chambre je me demande si j'ai de la chance d'exister

Ou si c'est de la malchance.

Je me retourne et ne vois personne oui je suis seule encore une fois

Encore une fois je suis seule, et cela ne me dérange plus

Suis-je bizarre ou est-ce que je cache en moi un amour pour la solitude ?

Je me souvienne de mon enfance

Je me souviens de ma famille

Des jeux auxquels je prenais plaisir à découvrir,

Mais aussi de la solitude dont j'étais victime.

Personne ne m'a jamais compris ni mon père ni ma mère

Personne ne s'est interroger sur mon silence et ma timidité

J'ai grandi aujourd'hui et je me retrouve encore seule,

Mais j'ai des questions et personne pour y répondre

Suis-je bizarre ?

Si moi-même je ne me comprends pas, qui le fera ?

Si moi-même je me tais et subit la sentence, qui est la solitude qui me sortira de là ?

Au final peut être que je m'y plais

Au final peut être que je me suis habituer

J'aimerai combler ce vide mais personne ne me comprendra

Alors je me tais et je me charge de paraitre normal

Pour qu'au lever du jour personne ne sache que je suis bizarre

Pour qu'au lever du jour je puisse me fondre dans la masse.

Etrange !

On te surnomme l'étrange

Tout le monde te déteste sans même te connaitre

Sans même chercher à te connaitre des gens ton condamner

Pourquoi tant de haine ?

Tu ne t'es jamais laisser dominer et ça les énerves, les autres se font des ennemies et toi ton sourire au bout de la tristesse fait de plusieurs personne tes ennemies

Même l'homme que tu à aimer n'a pas su te comprendre

Il s'ait garder te le faire savoir au début, mais il n'a pas pu te le cacher longtemps par ce qu'il ta quitter sans même se soucier de cet amour que tu lui portais.

Etrange c'est ton prénom cacher celui qu'on aurait dû te donner à ta naissance.

Comment peut-on vivre comme ça ? sans rien exprimer sans chercher des amis, sans chercher à s'attacher.

Est-ce que tu l'es vraiment ?

Est-ce que tu vis dans ce monde comme si on t'y avait obliger ?

Est-ce que si tu avais eu le choix tu aurais préféré ne pas naitre que de venir subir toutes ces injustices.

Je me déteste

Je déteste ma vie

Je me déteste tellement

Je déteste l'homme que j'ai aimé

A cause de lui je suis là aujourd'hui,

A m'interroger sur moi-même,

Sur celle que je suis, sur ma vie mes erreurs.

Je ne sens plus mon cœur battre dans ma poitrine quand je pense encore à lui je me mets à pleurer sans même pouvoir me contrôler des larmes s'échappe de mes yeux.

Je ne sais plus quoi faire,

Je n'arrive toujours pas à croire qu'il ne m'aime pas.

Qu'il ne m'aime pas c'est pourtant ce qui doit rester graver dans ma mémoire.

Mais mon amour prend le dessus et je me retrouve encore déçu,

Oui c'est moi même et je me déteste encore plus.

Chaque fois que je m'éloigne de toi les souvenir me ramène dans, l'obscure qu'est la tristesse.

Libère moi

Libère moi s'il te plait laisse mon cœur s'en aller

Parce que je m'en vais mais tu me retiens encore

Ton sourire me manque, tes blagues idiotes et maladroites me manque

Je suis la seule à aimer ça je l'ai bien compris

Je suis la seule à être aussi stupide ça oui je l'ai bien compris

Mais lorsque le flambeau de mon amour disparaitra

Je veux que tu en souffre au plus profond de toi

Je veux te voir en larmes

Je veux te voir désespérer

Je veux te voir me regretter

Libère moi s'il te plait laisse mon cœur s'en aller

Parce que je sens ma tête te haïr

Mais mon cœur t'aime encore

Dis-moi que tu ne m'aimes pas

Dis-moi que jamais tu ne m'as aimé

Et je pourrai savoir qu'entre t'aimer et te détester

Disparaitre c'est mieux

Libères moi de ton emprise pour qu'à mon tour je puisse être heureuse sans toi

De toute façon je ne suis rien pour toi pourquoi me garde tu esclave de mon amour ?

Si ma présence ne change rien à ta vie

Si je ne suis rien pour toi libère moi.

Un autre jour.

Aujourd'hui est un autre jour et tous les jours sont des autres jours.

Pendant que tout le monde marche sur la terre,

Comme si on avait pris la tangente.

Pendant que la terre tourne dans le vide tout le monde se plaint de ne pas s'y plaire.

Et moi je marche comme une maboule,

Mais une maboule qui perd la boule.

Je suis les traits de mon père ou les trait de ma mère

Je regarde partout espérant avoir le bonheur qu'ils eurent

Mais le monde tourne chaque seconde et les choses change tous les jours

Tous les jours sont des autres jours

Aujourd'hui je marche mais demain je courrai

Je courrai et sans regarder derrière je me dépasserai

Je pourrai atteindre mes objectif en me concentrant sur ce que je voudrai tous en gardant en tête que le monde tourne et que chaque jour est un autre jour.

Mais chaque jour est un autre jour alors penser à tous ça aujourd'hui ne fait pas de moi celle que je dois être.

Et celle que je dois être doit se rappeler de son passé pour mieux savourer sa nouvelle vie.

Il te ment.

Très bien, très bien

Tous ce que tu fais est bien

C'est ce que tu veux entendre ? tu la laisser te briser le cœur

Des lors que tu as vu son regard tu as compris qu'il ne te méritait pas mais tu lui accorder une chance celle de pouvoir lui combler de ton amour

Et comme les autres au final il en a bien profiter jusqu'à ce qu'il s'en lasse

Il te ment ! mais tu le sais bien et malgré tous tu l'aime encore

Il te ment et tu veux encore qu'il te prenne dans ses bras tu espères qu'il te dira qu'il ta tromper parce qu'on l'a obligé

Non ! il te ment et il le sait

Il n'a même pas le courage d'avouer qu'il sait jouer de toi

Il n'a pas le courage d'avouer qu'il ta utiliser, qu'il s'est amuser avec toi

Tu as l'aire tellement désespérer

Tu es tellement naïve de croire en lui après toutes la douleur qu'il t'a fait éprouver

Mais le salue tu l'auras peut-être

La rédemption tu l'auras peut-être

Mais il te ment

Il te ment et tu le sais

Tu le sais et tu la toujours su

Dans ses paroles qui semblait si sincères

Dans ses baiser qui te donnait des frissons

Il a toujours été un manipulateur.

FATIGUER.

Fatiguer de respirer

Fatiguer de te voir dans le miroir.

Tu t'es accrocher à tous ceux qui t'on fait croire qu'ils t'aimaient.

Tu t'es laisser séduire par ces hommes qui au final n'ont rien fait d'autre que de briser celle que tu as été.

Tu n'as pas cru à ta mère qui te disait d'un temps violent que les hommes ça ne finit pas et que ce dont tu as besoin est de réussir ta vie.

Fatiguer de respirer

Fatiguer de te voir dans le miroir.

Tu t'assois au sol un moment pour te plonger dans tes souvenir et te revoir quand tu n'avais encore fait aucunes erreurs.

Tu as cru à l'amour et au pardon

Tu as cru à la générosité et à la gratitude.

Mais tu as été briser et il t'arrive d'en vouloir a la terre entière

Mais la terre entière n'a fait qu'exister et toi tu t'es charger de faire ses erreurs toute seule.

Oui tu as été manipuler et oui tu as été endommager

Oui tu as été souiller et oui tu as même été frapper.

Tous ce en quoi tu as espéré toute ta vie c'est l'amour

Et maintenant cet amour n'existe plus

Tu as perdu celui que tu aimais ?

Non il ta laisser tomber comme les autres il a participé sans le savoir à ta destruction

A la destruction de ton humanité

Fatiguer de respirer

Fatiguer de te voir dans le miroir tu le brise.

Tu le brise et tu effaces tes souvenirs pour ne plus y penser.

Il me regrettera

Le temps viendra où il me verra

Il me verra et il me regrettera

Il se dira que je l'ai aimé mais que le problème a été de trop y croire

J'ai regardé des dessins animer ou le prince aimais la princesse plus que tous

Ils finirent ensemble et firent beaucoup d'enfants

Aujourd'hui tu peux le dire sans avoir honte

Ils firent beaucoup d'enfants avant de se séparer et se sombrer dans l'alcool.

Parce qu'on nous a fait croire qu'on devait aimer pour être heureux

J'y ai cru

On nous a fait croire qu'on pouvait aimer et être heureux j'y ait cru

J'y ai cru et on ne nous a jamais dit qu'on allait souffrir en aimant

Mais le temps viendra où il me reverra

Il me reverra et il me regrettera encore

Et ce sera trop tard.

Un dernier souvenir

Un dernier souvenir ton visage
Un dernier sourire ta douceur
Te savoir maintenant loin de moi je dois m'y faire
Je dois m'y faire et je n'y arrive pas
Je suis frustré, perdu, en colère

J''ai mal, je souffre et j'ai peur
Mais je veux que tu dises mon prénom
Je veux entendre ta voix m'appeler
Je veux te voir me regarder profondément
Un dernier souvenir ton visage

Un dernier sourire ta douceur
Je veux te sentir me toucher
Te voir m'embraser et me regarder t'enlacer
Je veux qu'on y aille faire cette balade que tu m'avais promise
Et soudain je me réveil et tu n'es plus là
Tu n'es plus là et je suis seule

Dépendante de toi

Je suis dépendante de toi
Je suis dépendante de ton affection
De ton affection j'en ai besoin
Donne-le-moi parce que je ne peux pas vivre sans cela
Tu m'as promis de m'aimer
Tu t'es approcher de moi et tu ma jurer que tu allais me rendre heureuse
Donne-moi ce que tu m'as promis
Je t'ai aimé plus que tous et aujourd'hui je suis malade
Malade de ton absence je recherche ma guérison
Te revoir t'aimer et te pardonner même si jamais tu ne me l'as demandé
Je suis dépendante de toi
Je suis dépendante de ton affection
S'il te plait aimes moi encore
S'il te plait touche moi
J'ai besoin de ressentir ton souffle sur mon coup
De te voir prendre ma main et la réchauffer
De te voir me prendre dans tes bras
Oui je suis dépendante de toi
Oui je suis dépendante de ton affection
Et si je ne peux pas t'avoir
Je pense que personne ne t'aura
Car tu m'as promis que tu m'aimais
Je veux mon bonheur
Donne-le-moi

Confession intime

J'ai prié pour t'avoir et j'ai prié pour que dieu m'aide à t'effacer

Je me suis laisser abattre des mois entiers alors que toi tu te réjouissais et que tu étais heureux

Tu as passé ton temps à me mentir je ne t'en veux pas pour ça parce qu'à moi-même je me suis menti

Je me suis menti à moi-même chaque fois que tu m'as fait du mal et que j'ai pleuré dix minute plus tard je me suis dis que tu n'avais rien fait et que j'étais la seule fautive

Je me suis menti à moi-même chaque fois que j'ai cru que tu allais changer quand tu t'excusais et que tu faisais semblant de pleurer

Je me suis menti à moi quand je me disais qu'avec le temps sa irai et que plus jamais tu ne me feras souffrir

Que c'était une erreur mais qu'au fond t'es un homme bien

Je dois me confesser de peur de ne pouvoir le faire plus tard

Car si je meurs de ton absence je ne pourrai l'avouer a personne

Tu es la cause de ma douleur

Tu n'es pas un homme bien

Tu es un monstre, un animal

Ou étaient tes parents quand tu grandissais en voulant manipuler tout le monde ? je l'ignore.

Ou était le karma quand tu brisais tous ses cœurs avant de me rencontrer ? je l'ignore encore.

J'ai pris plaisir à la souffrance, a la douleur que tu me faisais éprouver.

J'ai aimé avoir mal, plus tu me brisais plus je t'aimais

Suis-je atteinte d'un problème psychologique ?

Suis-je folle ?

Parce que d'un coup je t'aime

Mais je tourne la page et je ne t'aime plus.

Mal aimer.

La douleur de la vie

Cette femme frustrer

Elle a mal d'aimer

Elle se sent mal aimer

Qui pourra la comprendre ? elle dispense des cours, le théâtre est son choix

Qui pourra la comprendre ? elle a peur d'y croire cette femme frustrer

Elle marche dans la ville faisant des petits pas elle a cru voire un ange

Ce n'était pas un ange mais c'était son fardeau, le fardeau d'aimer un homme trop méchant

Il la frappe tous les soir le matin elle se lève

Elle a des marques sur son corps mais n'y croit toujours pas

C'est la folie du voyant elle voit la souffrance mais elle ferme ses yeux et ne veux pas y croire

Quand est ce qu'elle comprendra qu'elle a le droit d'être aimé ?

Quand est ce qu'elle comprendra qu'elle peut trouver l'amour ?

Quand est ce qu'elle mettra à son homme trop méchant un coup de poing sur le cœur ?

Enfin elle s'en va elle a trop souffert et pour une fois la vie n'est pas si douloureuse.

Je suis coupable

Au tribunal de mon cœur je me hisse dans les filets de ton amour
Dans les filets de ton amour tous bascule et je trébuche
Coupable j'ai été, coupable je serai, me livrer est mieux à faire
J'ai commis un crime celui de t'aimer plus que moi-même
J'ai commis un crime celui de te désirer plus que tous
J'ai commis un délit, j'ai été malfaisante
Je suis une hors la loi, une hors la loi de l'amour
Je t'aime plus que tous mais tu ne le vois donc pas ?
Ne me désire tu plus ?
Parce qu'être avec toi c'est ce qui m'a rendu heureuse
Parce que être avec toi c'est ce qui m'a le plus fait souffrir
Je me perds dans la prison de mes sentiments
Et si sans moi tu te sens bien
Si sans moi tu Excel dans ce que tu dois faire
Si sans moi tu es l'homme le plus heureux du monde
Je peux bien me priver de toi
Si je suis un fardeau pour toi
Si je suis celle qui te hante celle qui te porte malheur
Je peux bien me priver pour toi une dernière fois
Me condamner à te regarder
Me condamner à ton absence à perpétuité
L'amour s'éteint, je ressens cette frayeur en moi et je perds le contrôle
Tu n'es plus là pour moi, je t'ai laisser partir de ma tête, je t'ai laisser vivre et je t'ai laisser t'épanouir mais je ne te permettrai pas de revenir

Je ne laisserai me hanter encore et encore

Je ne te laisserai prendre ma vie entre tes mains et décider ce que tu dois y faire encore et encore

Je ne laisserai pas me faire croire que j'ai eu tort, que je suis mauvaise, que je suis dégoutante, que je suis sale

Je ne te laisserai pas me faire croire que je suis victime

Non je suis coupable, je suis coupable de t'avoir laisser entrer dans ma vie, je suis coupable de t'avoir aimé plus que tous

Je suis coupable de t'avoir choisi toi, je suis coupable d'avoir renoncer à ce que j'avais de plus chère pour toi

Fin.

Table des matières

Printed by Books on Demand GmbH, Norderstedt / Germany